Wir feiern
ihre Geburtstage,
wir gedenken ihrer Todestage.
Wir legen Kränze nieder und ehren sie
über den Tod hinaus.

Doch was dachten und sagten „unsere
weltberühmten Köpfe" über Staat
und Kirche wirklich? Was waren
und sind die Botschaften
an die Bürger, an
das Volk?

Da hilft kein Zorn.
Da hilft kein Spott.
Da hilft kein Weinen, hilft kein Beten.
Die Nachricht stimmt!
Der liebe Gott ist aus der Kirche
ausgetreten.

Erich Kästner

Große Geister dachten anders

Verlag DAS WORT GmbH

1. Auflage Juni 2010

© Verlag DAS WORT GmbH

Max-Braun-Str. 2, 97828 Marktheidenfeld
Tel. 09391/504-135, Fax 09391/504-133
Internet: http://www.das-wort.com

Alle Rechte vorbehalten

Druck: Santec Druckerei GmbH, Marktheidenfeld

ISBN 978-3-89201-315-0

INHALT

Vorwort	9	Ludwig Feuerbach	41
Kurt Tucholsky	12	Friedrich Schiller	41
Johann Wolfgang Goethe	16	Arno Holz	42
Immanuel Kant	20	Jean Cocteau	44
Friedrich der Große	22	Leo N. Tolstoi	44
Albert Einstein	23	Jakob Böhme	47
Friedrich Nietzsche	24	Otto von Bismarck	47
Heinrich Heine	26	Albert Schweitzer	49
Gotthold Ephraim Lessing	30	Otto von Corvin	49
Voltaire	31	Nostradamus	50
Ferdinand August Bebel	32	Wilhelm Busch	50
Oberst Józef Beck	34	Erich Kästner	52
Heinrich Böll	35	Ernst Bloch	52
Napoleon	35	Claude Adrien Helvétius	53
Erasmus von Rotterdam	36	Alfred Loisy	53
Walter Nigg	38	Karlheinz Deschner	54
Karl Jaspers	39	Matthäus	60
Bertolt Brecht	39	Gabriele	70
Percy Bysshe Shelley	40	Johannes von Patmos	76

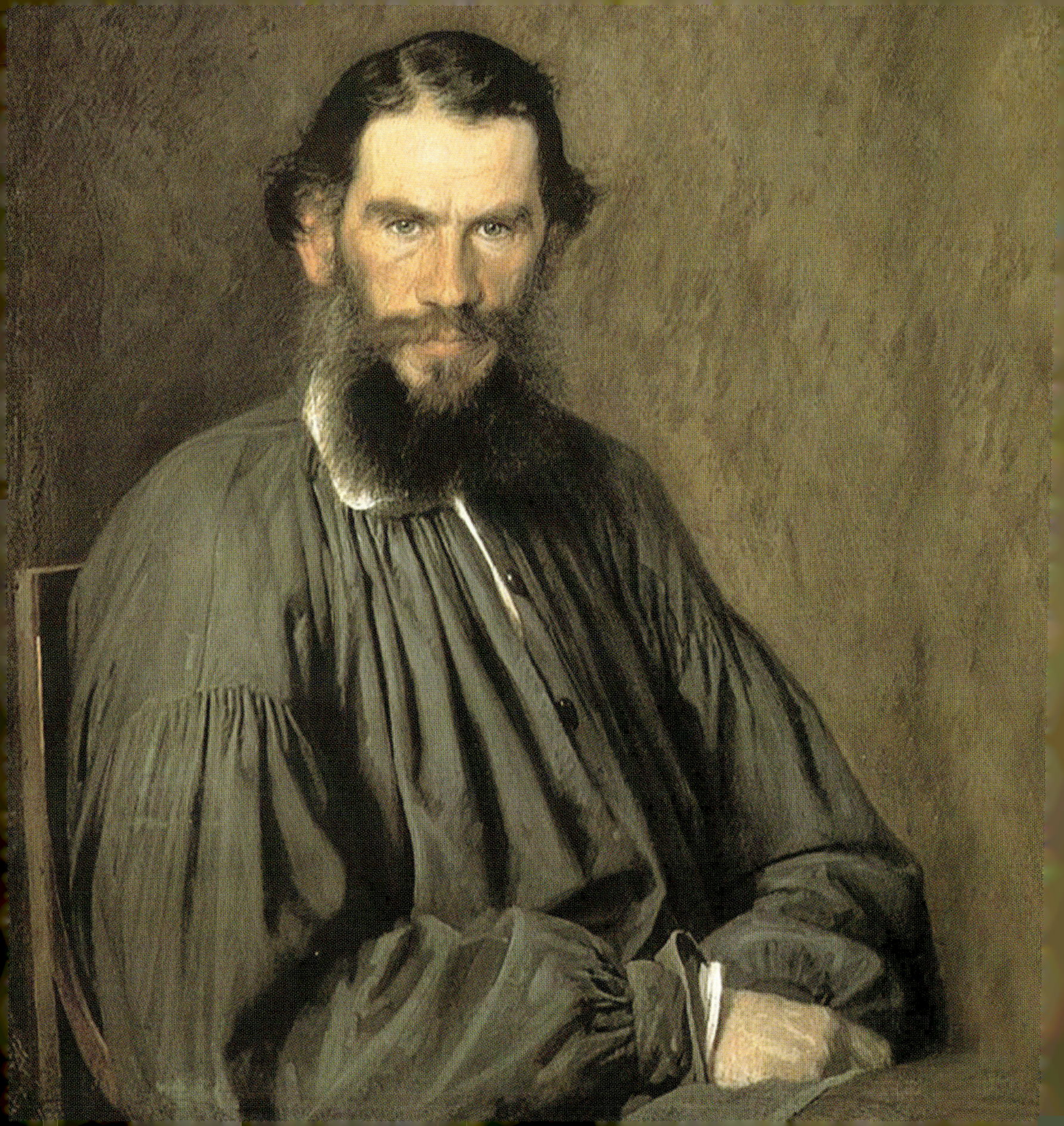

VORWORT

"Wo aber Gefahr ist, wächst das Rettende auch"

"Ich schäme mich Deutschlands. Was werden die anderen Nationen sagen, die so schon unsere Dummheit zu verachten pflegen?" Wer sagte das? Es war der Jesuit Friedrich Spee von Langenfeld (1591-1635), der es als einer von ganz wenigen wagte, gegen den Hexenwahn Stellung zu beziehen, auch wenn er dies aus Sicherheitsgründen nur anonym tun konnte. Spee hatte als Beichtvater einige Zeit lang verurteilte "Hexen" zu betreuen gehabt und machte sich dabei ein eigenes Bild von deren angeblicher Schuld. Heute wird der ebenso nachdenkliche wie mutige Jesuit gerne als leuchtendes Beispiels des "Widerstands" seiner Kirche gegen die Hexenverfolgung gepriesen – wobei man unter den Teppich kehrt, dass es ein Dominikanermönch war, Heinrich Kramer, der diese grauenhafte Verfolgungswelle mit seinem "Hexenhammer" (1486) erst so richtig in Schwung gebracht, und ein Papst, Innozenz VIII., der sie mit seiner "Hexenbulle" (1484) fast gleichzeitig mit dem angeblichen Segen des "Allerhöchsten" versehen hatte.

"Ich schäme mich Deutschlands". Historiker rätseln bis heute, weshalb mehr als die Hälfte aller verbrannten "Hexen" und "Zauberer" (ein Drittel waren Männer) auf dem Gebiet des damaligen "Heiligen Römischen Reiches Deutscher Nation" ihr grausames Ende fanden. War es der gemeinsame Schachzug von

Papst und Karolingern, diesen Landstrich durch die Krönung des neu erfundenen "Kaisers" durch den Papst an die Kirche zu ketten, der hier seine verhängnisvolle Spätwirkung entfaltete? War es die – vom Vatikan maßgeblich mit hervorgerufene – Zerrissenheit des Landes, die dessen Bewohner dazu verleitete, ihre Zuflucht zu fanatischem Glaubenseifer zu nehmen?

"Ich schäme mich Deutschlands". Könnte Graf Spee, wenn er wiederkäme, diesen Satz heute ad acta legen? Oder müsste er ihn wiederholen, wenn er z.B. sieht, wie in seinem Heimatland der Filz von Staat und Kirche heute noch dazu führt, dass die Steuerzahler nicht nur eine, sondern zwei steinreiche Großkirchen mit mehr als 14 Milliarden Euro Subventionen pro Jahr zu alimentieren haben, und dass Politiker sämtlicher Parteien dazu verschämt schweigen?

In den Bücherschränken der deutschen Bildungsbürger stehen seit Jahrzehnten und Jahrhunderten die Größen der Literatur und Philosophie in feines Leder gebunden. Doch was diese großen Geister zu diesem leider uralten Thema zu sagen hatten: zur verhängnisvollen Macht der Kirche, das nimmt bis heute kaum jemand zur Kenntnis.

Bis heute – doch die Zeiten ändern sich! Gerade weil im deutschen Sprachraum der Filz zwischen Staat und Kirche besonders undurchdringlich, gerade weil die Naivität und Dummheit deutscher Politiker gegenüber den Kirchen hier immer schon besonders abstoßend war und bis heute ist, gerade deshalb verfügt der deutsche Sprachraum inzwischen über eine eigene Literaturgattung von Weltgeltung: Nirgendwo sonst gibt es eine derartige Fülle von fundierten und blitzsauber recherchierten kirchenkritischen Werken. In welchem anderen

Sprachraum kam bisher jemand auf die Idee, um nur das erstaunlichste Beispiel zu nennen, eine zehnbändige „Kriminalgeschichte des Christentums" in Angriff zu nehmen – und sie dann auch noch zu schreiben? Neben Karlheinz Deschner sind aber auch Autoren wie Hubertus Mynarek, Horst Herrmann, Carsten Frerk, Ernst Klee und viele andere längst zu Markenzeichen der Aufklärung geworden.

„Wo aber Gefahr ist, wächst das Rettende auch", sagt Hölderlin. Immer mehr Menschen erkennen die Gefahr, die darin besteht, die Vermittlung von Ethik und Moral, von inneren Werten wie Anstand, Benehmen und Stil ausgerechnet Institutionen anzuvertrauen, die durch die Geschichte längst bewiesen haben, dass sie alles andere als christlich sind. Die derzeitig bekannt werdenden Kinderschänderverbrechen durch Priester und Pfarrer sind nur ein weiterer Beleg dafür.

Es wird Zeit, wieder auf die Stimmen zu hören, Stimmen aus aller Welt und aus vielen Jahrhunderten, die uns dabei helfen können, die Unterscheidung der Geister neu zu erlernen – und die bitter nötige Wachsamkeit angesichts der größten Heuchelei der Weltgeschichte: den Namen des Jesus, des Christus, zu missbrauchen, um das Gegenteil von dem zu lehren und zu tun, was Er wollte.

Die hier angeführten Zitate sind nur eine kleine Auswahl – eine Auswahl, die dazu anregen kann, selber auf weitere literarische Entdeckungsreisen zu gehen. Denn wem Anstand und Benehmen, Ethik, Moral und Stil wirklich am Herzen liegen, der sollte das Gärtnern nicht länger den Böcken überlassen, sondern es selbst in die Hand nehmen.

KURT TUCHOLSKY
Schriftsteller
1890-1935

Die Kirche rollt durch die neue Zeit dahin wie ein rohes Ei. So etwas von Empfindlichkeit war überhaupt noch nicht da. Ein scharfes Wort, und ein ganzes Geheul bricht über unsereinen herein: Wir sind verletzt! Wehe! Sakrileg! Unsere religiösen Empfindungen ... Und die unseren? ...

Nehmt ihr auf unsere Empfindungen Rücksicht?

Ich zum Beispiel fühle mich verletzt, wenn ich einen katholischen Geistlichen vor Soldaten sehe, munter und frisch zum Mord hetzend, das Wort der Liebe in das Wort des Staates umfälschend - ich mag es nicht hören. Wer nimmt darauf Rücksicht?

———•◦⦂◉⦂◦•———

Tretet aus der Kirche aus. Tretet aus der Kirche aus. Tretet aus der Kirche aus.

Wir sind aus der Kirche ausgetreten, weil wir es nicht länger mitansehn konnten.

———•◦⦂◉⦂◦•———

Merke: Wer sich so mit dem Nebel des Mysteriums umgibt, wie alle diese, die es mehr oder weniger begabt der katholischen Kirche nachmachen, der zeigt, dass seine Position bei voller Klarheit viel zu fürchten hat.

Man muss nur sehen, wie sich die Vertreter der Kirchen drehen und winden, wenn sie auf den schreienden Widerspruch zwischen ihrer Lehre (die einmal revolutionär gewesen ist) und der Kirchenpolitik hingewiesen werden - einen Geistlichen die Berechtigung der Kriege nachweisen zu hören, hat etwas Peinliches.

... wenn die Pfaffen Kanonen und Flugzeuge segnen ...

Kurt Tucholsky

Wenn aber Christus, der gesagt hat: "Du sollst nicht töten!" an seinem Kreuz sehen muss, wie sich die Felder blutig röten; wenn die Pfaffen Kanonen und Flugzeuge segnen und in den Feldgottesdiensten beten, dass es Blut möge regnen; und wenn die Vertreter Gottes auf Erden Soldaten-Hämmel treiben, auf dass sie geschlachtet werden; und wenn die Glocken läuten: "Mord!" und die Choräle hallen: Mord! Ihr sollt eure Feinde niederknallen!" Und wenn jemand so verrät den Gottessohn -:
Das ist keine Schande. Das ist Religion.

»...Töten, Morden, Quälen, Unterdrücken, Vernichten...«

Kurt Tucholsky

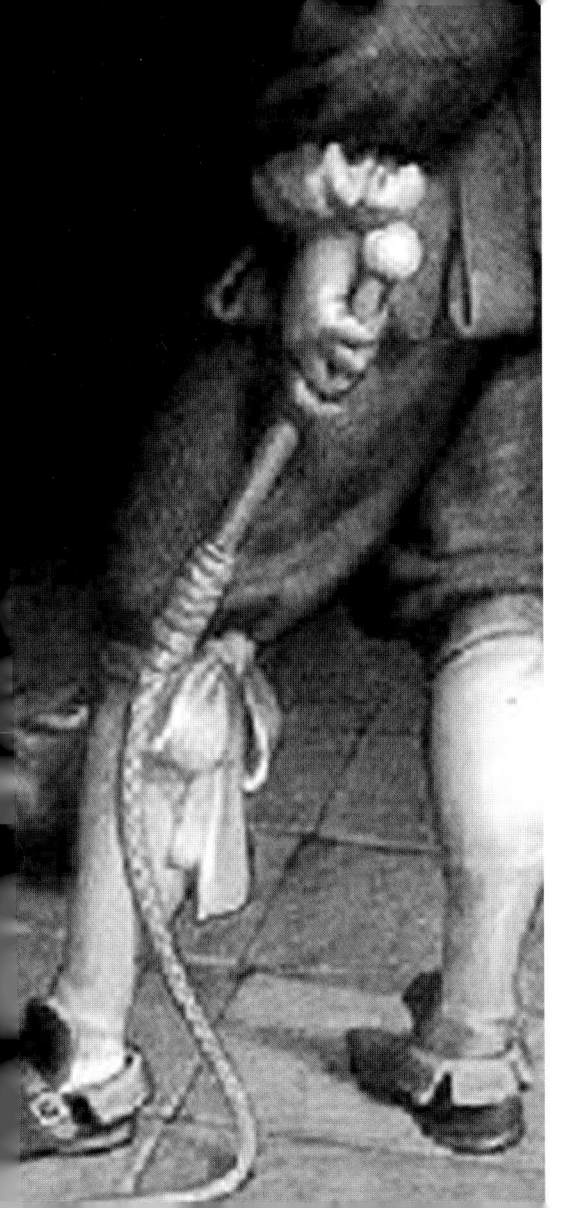

Und der Grund, aus dem der Kirche täglich mehr und mehr Leute fortlaufen, was nur zu begrüßen ist, liegt eben hierin: dass viele Diener dieser Kirche nur noch viel zu reden, aber wenig zu sagen haben.

———•◦∶◉∶◦•———

Von jeher strömte das Unheil vom Stuhl Petri in die Welt, in die Menschheit: Töten, Morden, Quälen, Unterdrücken, Vernichten.

———•◦∶◉∶◦•———

Der Stuhl Petri behauptet, Tiere dürfe man missbrauchen, quälen, in Schlachthäusern der Folter des Todes übergeben, sie in Wald und Feld jagen, hetzen, niederknallen und ihre Tierkadaver verzehren, weil sie angeblich keine Seele hätten. - Alles in allem sind dies und weiteres mehr viele, viele Milliarden grauenvoller Schicksale, die Menschen und Gottesgeschöpfe zu erdulden hatten und vielleicht zu erdulden haben.

JOHANN WOLFGANG GOETHE
Dichter
1749-1832

Mist tut mehr Wunder als die Heiligen.

Dich vermag aus Glaubensketten der Verstand allein zu retten.

Unsterblich ist die Pfaffenlist.

... nennen sich Christen, und unter ihrem Schafspelz sind sie reißende Wölfe. Man muss etwas zu sagen haben, wenn man reden will. Ich bedaure immer unsere guten Kanzelmänner, welche sich seit 2000 Jahren durchgedroschene Garben zum Gegenstand ihrer Tätigkeit wählen müssen.

(Goethe an Frau von Müller 16. 8. 1798)

Die Kirche hat einen guten Magen, hat ganze Länder aufgefressen Und doch noch nie sich übergessen; Die Kirch' allein meine lieben Frauen, kann ungerechtes Gut verdauen.

Es ist gar viel Dummes in den Satzungen der Kirche. Aber sie will herrschen, und da muss sie eine borniete Masse haben, die sich duckt und die geneigt ist, sich beherrschen zu lassen. Die hohe reich dotierte Geistlichkeit fürchtet nichts mehr als die Aufklärung der unteren Massen.

»... und unter ihrem Schafspelz sind sie reißende Wölfe.«

Johann Wolfgang Goethe

»Die hohe reich dotierte Geistlichkeit fürchtet nichts mehr als die Aufklärung der unteren Massen.«

Johann Wolfgang Goethe

..., indem ich den patriarchalischen Überresten nachspürte, in das alte Testament geraten und habe mich aufs Neue nicht genug über die Konfusion und die Widersprüche der fünf Bücher Mosis verwundern können, die denn freilich - wie bekannt - aus hunderterlei schriftlichen und mündlichen Traditionen zusammengestellt sein mögen.

(an Schiller 12.4.1797)

Die Rede habt ihr in der Hand, allein es fehlt das geistige Band.

Es ist die ganze Kirchengeschichte - Mischmasch von Irrtum und Gewalt.

Die Geschichte des guten Jesus hab ich nun so satt, dass ich sie von keinem, außer von ihm selbst, hören möchte.

Das gefährlichste aller Bücher in weltgeschichtlicher Hinsicht, wenn durchaus einmal von Gefährlichkeit die Rede sein sollte, ist doch wohl unstreitig die Bibel…

Große Geister **dachten** anders   **19**

IMMANUEL KANT
Philosoph
1724-1804

Die Religion, die nur auf Theologie gebaut ist, kann niemals etwas Moralisches enthalten.

Der Glaube einer gottesdienstlichen Religion ist ein Fron- und Lohnglaube und kann nicht für den seligmachenden angesehen werden, weil er nicht moralisch ist. Denn dieser muss ein freier, auf lauter Herzensgesinnungen gegründeter Glaube sein.

Die enge Pforte und der schmale Weg, der zum Leben führt, ist der des guten Lebenswandels; die weite Pforte und der breite Weg, den viele wandeln, ist die Kirche.

…ein jeder Kirchenglaube, so ferne er bloß statuarische Glaubenslehren für wesentliche Religionslehren ausgibt, hat eine gewisse Beimischung von Heidentum; denn dieses besteht darin, das Äußerliche der Religion für wesentlich anzusehen.

Gott ist nicht ein Wesen außerhalb mir, sondern ein notwendig Ding meines Gemüts, letzten Endes ein Gedanke in mir.

Das Pfaffentum ist die Verfassung einer Kirche, so ferne in ihr ein Fetischdienst regiert, welches allemal da anzutreffen ist, wo nicht Prinzipien der Sittlichkeit, sondern statuarische Gebote, Glaubensregeln und Observanzen die Grundlage und das Wesentliche desselben ausmachen.

»Gott ist nicht ein Wesen außerhalb mir...«

Immanuel Kant

Die Religion, die nur auf Theologie gebaut ist, kann niemals etwas Moralisches enthalten.

Der Glaube einer gottesdienstlichen Religion ist ein Fron- und Lohnglaube und kann nicht für den seligmachenden angesehen werden, weil er nicht moralisch ist. Denn dieser muss ein freier, auf lauter Herzensgesinnungen gegründeter Glaube sein.

FRIEDRICH DER GROSSE
preußischer König
1712-1786

Gestatten Sie mir, Ihnen zu sagen, dass unsere heutigen Religionen der Religion Christi so wenig gleichen wie der der Irokesen. Jesus war ein Jude, und wir verbrennen Juden. Jesus predigte Duldung, und wir verfolgen. Jesus predigte eine gute Sittenlehre, und wir üben sie nicht aus. Jesus hat keine Dogmen aufgestellt, die Konzile aber haben reichlich dafür gesorgt. Kurz, ein Christ des 3. Jahrhunderts ist einem Christen des 1. gar nicht mehr ähnlich.

> »Jesus hat keine Dogmen aufgestellt...«
>
> Friedrich der Große

ALBERT EINSTEIN

Physiker
1879-1955

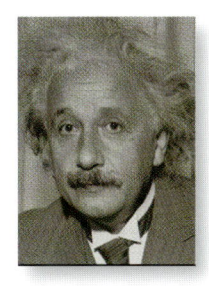

Wenn man das Judentum der Propheten und das Christentum, wie es Jesus Christus gelehrt hat, von allen Zutaten der Späteren, insbesondere der Priester, loslöst, so bleibt die Lehre übrig, die die Menschheit von allen sozialen Krankheiten zu heilen imstande wäre.

Große Geister **dachten** anders

FRIEDRICH NIETZSCHE

deutscher Philosoph
1844-1900

Was ein Theologe als wahr empfindet, das muss falsch sein: man hat daran beinahe ein Kriterium der Wahrheit.

Da haben wir es also: Eine kirchliche Ordnung mit Priesterschaft, Theologie, Kultus, Sakrament; kurz, alles das, was Jesus von Nazareth bekämpft hatte ...

Christentum, den einen großen Fluch, die eine große innerlichste Verdorbenheit, den einen großen Instinkt der Rache, dem kein Mittel giftig, heimlich, unterirdisch, klein genug ist - ich heiße es den einen unsterblichen Schandfleck der Menschheit.

»... alles das, was Jesus von Nazareth bekämpft hatte...«

Friedrich Nietzsche

Große Geister **dachten** anders

HEINRICH HEINE
Dichter
1797-1856

Es sind in Deutschland die Theologen, die dem lieben Gott ein Ende machen.

Die Religion kann nie schlimmer sinken, als wenn sie solchermaßen zur Staatsreligion erhoben wird; es geht dann gleichsam ihre innere Unschuld verloren, und sie wird so öffentlich stolz wie eine deklarierte Maitresse.

Wer mit Pfaffen kämpft, der mache sich darauf gefasst, dass der beste Lug und die triftigsten Verleumdungen seinen armen guten Namen zerfetzen und schwärzen werden.

… der Teufel, der Adel und die Jesuiten existieren nur so lange, als man an sie glaubt.

Ein katholischer Pfaffe wandelt einher, als wenn ihm der Himmel gehöre; ein protestantischer Pfaffe hingegen geht herum, als wenn er den Himmel gepachtet habe.

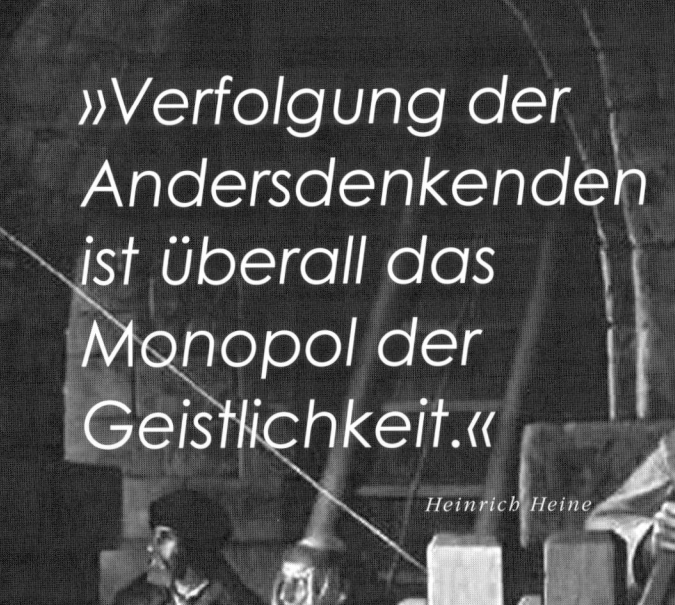

»Verfolgung der Andersdenkenden ist überall das Monopol der Geistlichkeit.«

Heinrich Heine

Gäbe es keine solche Staatsreligion, keine Bevorrechtung eines Dogmas und eines Kultus, so wäre Deutschland einig und stark, und seine Söhne wären herrlich und frei. So aber ist unser armes Vaterland zerrissen durch Glaubenszwiespalt, das Volk ist getrennt in feindliche Religionsparteien ... überall Misstrauen ... überall Verketzerung, Gesinnungsspionage ... Kirchenzeitungsschnüffeleien, Sektenhass, Bekehrungssucht, und während wir über den Himmel streiten, gehen wir auf Erden zugrunde.

Verfolgung der Andersdenkenden ist überall das Monopol der Geistlichkeit.

Ärgert dich dein Auge, so reiß es aus, ärgert dich deine Hand, so hau sie ab, ärgert dich deine Zunge, so schneide sie ab, und ärgert dich deine Vernunft, so werde katholisch.

»... und ärgert dich deine Vernunft, so werde katholisch.«

Heinrich Heine

GOTTHOLD EPHRAIM LESSING
Dichter
1729-1781

Man raubt, stiehlt, lügt, plündert. Wie aber nennt man's? Kolonisieren, zivilisieren, Kultur verbreiten. Man mordet, meuchelt, massakriert. Die 'logificatio post festum' aber nennt es: Seelsorge, Christentum, Dienst am Ideal. So sind denn die Ideale nur Masken der Bestie Mensch. Wehe jedem, der dieses Spiel ernst nimmt. Wehe jedem, der daran glaubt.

Und ist denn nicht das ganze Christentum aufs Judentum gebaut? Es hat mich oft geärgert, hat mir Tränen g'nug gekostet, wenn Christen gar so sehr vergessen konnten, dass unser Herr ja selbst ein Jude war.

Der Buchstabe ist nicht der Geist, und die Bibel ist nicht die Religion.

VOLTAIRE
Philosoph
1694-1778

Ich bin überzeugt, dass die christliche Religion seit Konstantin mehr Menschen vernichtet hat, als es heute Einwohner in Europa gibt.

Man warf Montezuma vor, dass er Gefangene seinen Göttern opfere: was würde er wohl gesagt haben, wenn er ein Autodafé gesehen hätte?

Kaum haben sie Christus gepredigt, beschuldigen sie sich gegenseitig Antichristen zu sein ... und natürlich gab es unter diesen theologischen Gezänken kein Einziges, das nicht auf Absurditäten und Betrügereien aufgebaut gewesen wäre.

Nur eine Religion, die alle anderen duldet und so deren Wohlwollen würdig ist, kann aus der Menschheit ein Volk von Brüdern machen.

»Ich bin überzeugt, dass die christliche Religion seit Konstantin mehr Menschen vernichtet hat als es heute Einwohner in Europa gibt.«

Voltaire

Große Geister **dachten** anders

FERDINAND AUGUST BEBEL
Mitbegründer der SPD
1840-1913

Die Religion der Liebe, die christliche, ist seit mehr als achtzehn Jahrhunderten gegen alle Andersdenkenden eine Religion des Hasses, der Verfolgung, der Unterdrückung gewesen. Keine Religion der Welt hat der Menschheit mehr Blut und Tränen gekostet als die christliche, keine hat mehr zu Verbrechen der scheußlichsten Art Veranlassung gegeben; und wenn es sich um Krieg und Massenmord handelt, sind die Priester aller christlichen Konfessionen noch heute bereit, ihren Segen zu geben, und hebt die Priesterschaft der einen Nation gegen die feindlich ihr gegenüberstehende Nation flehend die Hände um Vernichtung des Gegners zu einem und demselben Gott, dem Gott der Liebe, empor.

Das Christentum ist freiheits- und kulturfeindlich. ... Es hat die Menschheit in der Knechtschaft und Unterdrückung gehalten und ist bis auf den heutigen Tag als vornehmstes Werkzeug politischer und sozialer Ausbeutung benützt worden und hat dazu gedient.

———•⦁⦂⦁•———

Das Gute, das während der Herrschaft des Christentums entstanden, gehört ihm nicht, und das viele Üble und Schlimme, das es gebracht, das wollen wir nicht, das ist mit zwei Worten unser Standpunkt.

»... und wenn es sich um Krieg und Massenmord handelt, sind die Priester aller christlichen Konfessionen noch heute bereit, ihren Segen zu geben ...«

Ferdinand August Bebel

Große Geister **dachten** anders

OBERST JÓZEF BECK
polnischer Außenminister
1894-1944

Einer der Hauptverantwortlichen für die Tragödie meines Landes ist der Vatikan. Zu spät erkannte ich, dass wir eine Außenpolitik betrieben hatten, die lediglich der egoistischen Zielsetzung der katholischen Kirche diente.

»Einer der Hauptverantwortlichen für die Tragödie meines Landes ist der Vatikan.«

Oberst Józef Beck

HEINRICH BÖLL
Schriftsteller
1917-1985

NAPOLEON
französischer Kaiser
1769-1821

In seinem Durchschnitts-'Organ' ist der deutsche Katholizismus mies bis dreckig, in seinen Methoden dumm bis dreist.

Es ist üblich geworden, immer dann, wenn die Haltung der offiziellen katholischen Kirche in Deutschland während der Nazizeit angezweifelt wird, die Namen der Männer und Frauen zu zitieren, die in Konzentrationslagern und Gefängnissen gelitten haben und hingerichtet worden sind. Aber jene Männer, Prälat Lichtenberg, Pater Delp und die vielen anderen, sie handelten nicht auf kirchlichen Befehl, sondern ihre Instanz war eine andere, deren Namen auszusprechen heute schon verdächtig geworden ist: das Gewissen.

Es gibt keine Menschen, die sich besser verstehen als Priester und Soldaten.

Das Volk beurteilt die Macht Gottes nach der der Priester.

Die Theologie nimmt in der Religion etwa denselben Platz ein wie die Gifte unter den Nahrungsmitteln.

»Es gibt keine Menschen, die sich besser verstehen als Priester und Soldaten.«

Napoleon

ERASMUS VON ROTTERDAM
Humanist
1466-1536

"Unser Vater" - du wagst ihn Vater zu nennen, der du deinem Bruder an die Kehle willst? "Dein Name werde geheiligt" - kann Gottes Name mehr entheiligt werden als durch gegenseitigen Krieg?

"Dein Reich komme" - so betest du, der du deine Herrschaft auf Blutströme gründest?

"Dein Wille geschehe" - Frieden will Gott, du aber bereitest Krieg vor.

"Unser täglich Brot gib uns heute" - darum bittest du den Vater unser aller, der du die Saaten des Bruders versengst und auch deine Saat lieber zerstörst, als für den Nutzen des Bruders verbraucht sehen möchtest.

"Und vergib uns unsere Schuld, wie auch wir vergeben unsern Schuldigern" - wie kannst du das sprechen, der du zum Morde eilst?

"Und führe uns nicht in Versuchung " - deinen Bruder aber führst du geflissentlich in Gefahr.

"Sondern erlöse uns von dem Bösen" - wie willst du das beten, der du darauf sinnest, dem Bruder das schlimmste Böse zuzufügen!

»Dein Reich komme – so betest du, der du deine Herrschaft auf Blutströme gründest?«

Erasmus von Rotterdam

WALTER NIGG
Theologe
1903-1988

All die bluttriefenden Henker, welche im Mittelalter aufs grausamste gegen die Ketzer gewütet haben, konnten sich auf die angesehene Autorität Augustins berufen - und sie haben es auch getan.

Alles wurde verbrannt, Frauen und Männer, Katholiken und Protestanten, Idioten und Gelehrte, vierjährige Kinder und achtzigjährige Greisinnen, alles wurde wahllos und ohne Unterschied auf den Scheiterhaufen befördert und zu Asche verwandelt.

Diese Nachtseite der Christenheit (die Hexenverbrennungen) ... ist eine derart peinliche Belastung, dass sie die Kirchen beider Konfessionen grundsätzlich in Frage stellt.

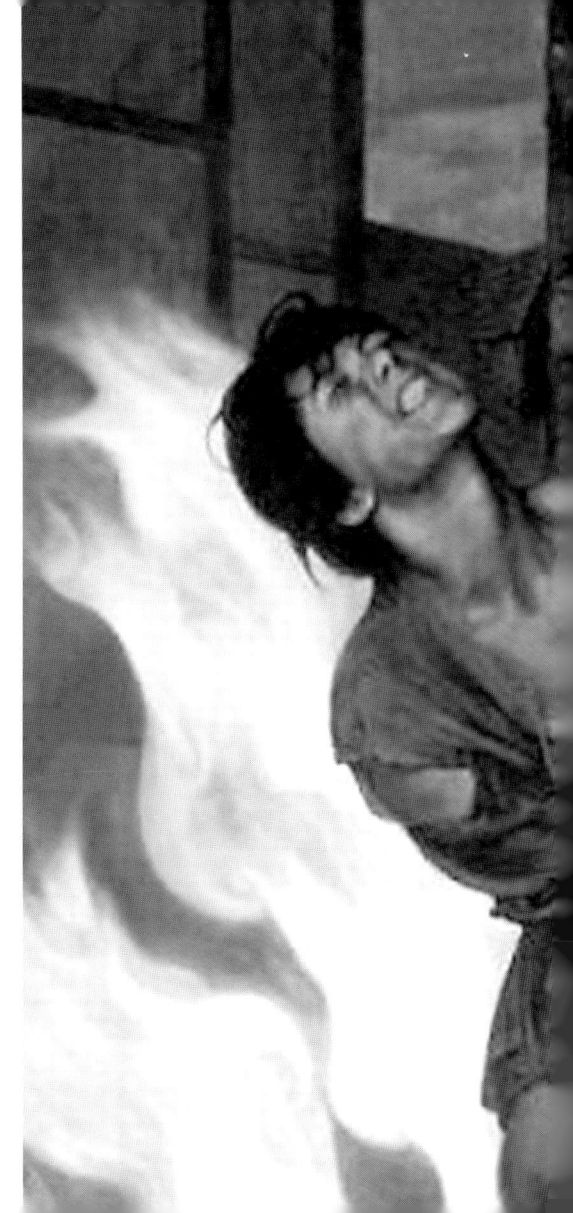

> »...und steht ständig auf dem Sprunge, von neuem die Scheiterhaufen für Ketzer zu entflammen«
>
> *Karl Jaspers*

KARL JASPERS
deutscher Philosoph
1883-1969

Ich verstehe nicht, wie man zum Ausschließlichkeitsanspruch sich neutral verhalten kann. ... Er erstrebt aus der Natur seines Wesens den Anspruch durch immer wieder mächtige Institutionen und steht ständig auf dem Sprunge, von neuem die Scheiterhaufen für Ketzer zu entflammen.

BERTOLT BRECHT
deutscher Dramatiker und Lyriker
1898-1956

Wurd' die Kutte hochgerafft,
Sah hervor ein Stiefelschaft.

PERCY BYSSHE SHELLEY
Schriftsteller
1792-1822

Das Blut, welches die Bekenner des Gottes der Barmherzigkeit und des Friedens seit der Einführung seiner Religion vergossen haben, würde wahrscheinlich genügen, um die Anhänger aller anderen Sekten, die jetzt auf der Erdkugel wohnen, zu ersäufen.

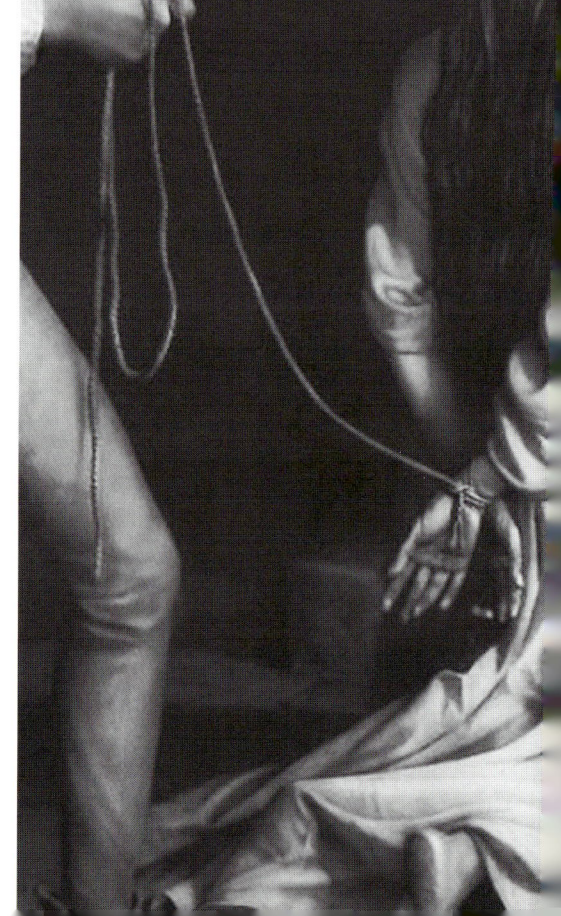

LUDWIG FEUERBACH

deutscher Philosoph
1804-1872

Das Dogma ist nichts anderes als ein ausdrückliches Verbot zu denken.

FRIEDRICH SCHILLER

Dichter
1759-1805

Die Geistlichkeit war von jeher eine Stütze der königlichen Macht und musste es sein. Ihre goldene Zeit fiel immer in die Gefangenschaft des menschlichen Geistes, und wie jene sehen wir sie vom Blödsinn und von der Sinnlosigkeit ernten.

»Das Dogma ist nichts anderes als ein ausdrückliches Verbot zu denken.«

Ludwig Feuerbach

ARNO HOLZ
deutscher Schriftsteller
1863-1929

Ach sag ich, nützlicher als alle Bibeln
sind momentan uns unsere Volksschulfibeln!
Denn nur ein Narr beugt heut noch seinen Nacken
vor Göttern, die - aus Weizenmehl gebacken!

———•◦⟨◉⟩◦•———

Aber grade, weil ich so viel 'Religion', so viel wahres 'Christentum' in mir verspüre, bin ich gegen unsere kirchliche Luderpfaffenwirtschaft! Ich verwerfe jegliches Dogma! Zwischen mich und mein Gefühl soll sich nichts, aber auch nichts drängen! Das wäre wahrhaftig das Letzte, worin ich fremde Einmischung dulden würde. Ich bin also aus Religion gegen die Religion!

Das Volk hat lange graue Ohren, und seine Treiber nennen sich Rabbiner, Pfarrer und Pastoren.
Erst schielt dies christlich frömmelnde Geschmeiß
nach vollen Brüstchen und nach drallen Wädchen
und dann - schreibts Andachtsbücher und Traktätchen!

———•◦⟨◉⟩◦•———

»Das Volk hat lange graue Ohren, und seine Treiber nennen sich Rabbiner, Pfarrer und Pastoren«

Arno Holz

»Denn nur ein Narr beugt heut noch seinen Nacken vor Göttern, die – aus Weizenmehl gebacken!«

Arno Holz

JEAN COCTEAU

französischer Schriftsteller und Regisseur
1889-1963

Christi Niederlage war nicht die Kreuzigung, sondern der Vatikan.

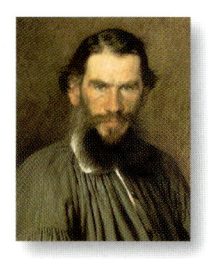

LEO N. TOLSTOI

russischer Dichter
1828-1910

Wenn die Vertreter der Kirche Christen sind, dann bin ich kein Christ; und umgekehrt.

»Christi Niederlage war nicht die Kreuzigung, sondern der Vatikan.«

Jean Cocteau

CORPVS
S·PII·V
PONT·MAX
EX
ORD·F·F·PRÆD

> »...ich weise auf die heuchlerische babylonische Hure, die mit der steinernen Kirche nur Hurerei treibt.«
>
> *Jakob Böhme*

JAKOB BÖHME

**bekannter deutscher Mystiker und Naturphilosoph
1575-1624**

Der Spötter wird sagen, ich verachte die steinerne Kirche, da die Gemeinde zusammenkommt. Dazu sage ich nein. Sondern ich weise auf die heuchlerische babylonische Hure, die mit der steinernen Kirche nur Hurerei treibt, nennt sich einen Christen, ist aber nur Hurenbalg.

OTTO VON BISMARCK

*Reichskanzler
1815-1898*

... in allen Konfessionen findet es sehr häufig statt, dass unter „Freiheit der Kirche" die Herrschaft der Priester verstanden wird; - ich nehme unsere Konfession nicht aus.

Große Geister dachten anders

48 Große Geister **dachten** anders

> »Fürsten und Völker ließen sich von den Päpsten das Fell über die Ohren ziehen...«
>
> *Otto von Corvin*

ALBERT SCHWEITZER
Theologe
1875-1965

Wer glaubt, ein Christ zu sein, weil er die Kirche besucht, irrt sich. Man wird ja auch kein Auto, wenn man in einer Garage steht.

OTTO VON CORVIN
Verfasser des Pfaffenspiegels
1812-1886

Die Statthalter Gottes mochten es noch so arg treiben, den dummen Menschen gingen die Augen nicht auf. Fürsten und Völker ließen sich von den Päpsten das Fell über die Ohren ziehen und küssten dafür den Tyrannen noch immer demütig den Pantoffel.

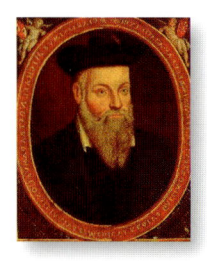

NOSTRA-DAMUS
Arzt
1503-1566

O stolzes Rom, dein Untergang ist nahe,
Nicht deiner Mauern, sondern deines Blutes und Wesens
Gespitztes Eisen, das sich gegen alle richtet,
Dringt vor bis in deinen Beichtstuhl! (X 65)

WILHELM BUSCH
Dichter
1832-1908

Der Segen der Natur wird vernichtet durch den Segen Roms.

> »O stolzes Rom,
> dein Untergang ist nahe,
> Nicht deiner Mauern, sondern
> deines Blutes und Wesens«

Nostradamus

ERICH KÄSTNER

deutscher Schriftsteller
1899-1974

Da hilft kein Zorn. Da hilft kein Spott. Da hilft kein Weinen, hilft kein Beten. Die Nachricht stimmt! Der liebe Gott ist aus der Kirche ausgetreten.

ERNST BLOCH

Philosoph
1885-1977

Das Beste, was das Christentum hervorgebracht hat, sind seine Ketzer.

> »Der liebe Gott ist aus der Kirche ausgetreten.«
>
> — Erich Kästner

CLAUDE ADRIEN HELVÉTIUS
französischer Philosoph
1715-1771

Wenn man ihre Heiligenlegenden liest, findet man die Namen von tausend heiliggesprochenen Verbrechern

ALFRED LOISY
französischer Theologe, exkommuniziert
1857-1940

Jesus verkündete das Reich Gottes, und gekommen ist die Kirche

Große Geister **dachten** anders

KARLHEINZ DESCHNER

deutscher Schriftsteller

Man veranstaltet prunkvolle Autodafés, bei denen man, manchmal vor 200.000 Zuschauern, Menschen massenweise ermordet. Man steckt sie auf ihrem letzten Weg noch unter einen Narrenhut, zwickt sie mit glühenden Zangen, schlägt ihnen zuweilen die rechte Hand ab und singt dann, während sie, je nach Windrichtung, ersticken oder langsam verbrennen: 'Großer Gott, wir loben dich.'

(Kardinal Ratzinger bezeichnete die Inquisition noch kurz vor seiner Wahl zum Papst öffentlich als „Fortschritt")

Niemand vor Stalin und Hitler hat in Europa das menschliche Leben so unentwegt aufs äußerste verachtet und in den Staub getreten, ja, dies noch - Gipfel zynischer Perversion - als 'gottgewollt' verkündet, wie die christliche Kirche.

> »... und singt dann: Großer Gott, wir loben dich.«
>
> *Karlheinz Deschner*

Man muss die Schreie der Unglücklichen hören! Muss lesen, was manche aus den Kerkern schrieben, Frauen an ihre Männer, Väter und Mütter an ihre Kinder; die Beteuerungen der Unschuld, die Abschiede für immer. Man muss das kennen, um zu wissen, dass der Teufel ein Christ ist oder der Christ oft ein Teufel. Oder die Christenheit, wie Kirkegaard sagt, „Satans" Erfindung!

Ja, es muss ein eigentümliches Vergnügen sein, von Jahrhundert zu Jahrhundert im Blut der Menschheit zu schwimmen und Halleluja zu rufen! Es muss ein eigentümliches Vergnügen sein, fast zwei Jahrtausende hindurch zu lügen, zu fälschen, zu entstellen und zu täuschen. Es muss ein eigentümliches Vergnügen sein, über Äonen, über alle Zusammenbrüche, alles große Völkernasführen und Völkerruinieren hinweg die Heuchelei zur Kunst aller Künste zu machen und sie fort und fort zu sanktionieren - auf dass es einem wohl ergehe und man lange lebe auf Erden.

Doch da es der Kirche, wie gerade die Geschichte der Kriege bestätigt, gar nicht um gerecht oder ungerecht geht, sondern darum, mit den Wölfen zu heulen, mit den Wölfen zu überleben, zwingt sie ihre Gläubigen - ich wiederhole: auf beiden Seiten - durch einen Eid, sich im Kriegsfall gegenseitig zu massakrieren, während mitten in der von ihr frenetisch unterstützten allgemeinen Massenschlächterei die Päpste urbi et orbi das erbauliche Schauspiel ergreifender Friedensappelle bieten - die mörderischste Heuchelei der Weltgeschichte!

Es gab Katholiken, die im 13. Jahrhundert ihre Rechtgläubigkeit mit dem Eid beteuern: „Ich bin kein Ketzer, denn ich habe eine Frau und schlafe bei ihr, ich habe Kinder und esse Fleisch, ich lüge, schwöre und bin ein gläubiger Christ, so wahr mir Gott helfe!"

> »Warum beachten wir noch eine Leiche? Den Riesenkadaver eines welthistorischen Untiers?«
>
> *Karlheinz Deschner*

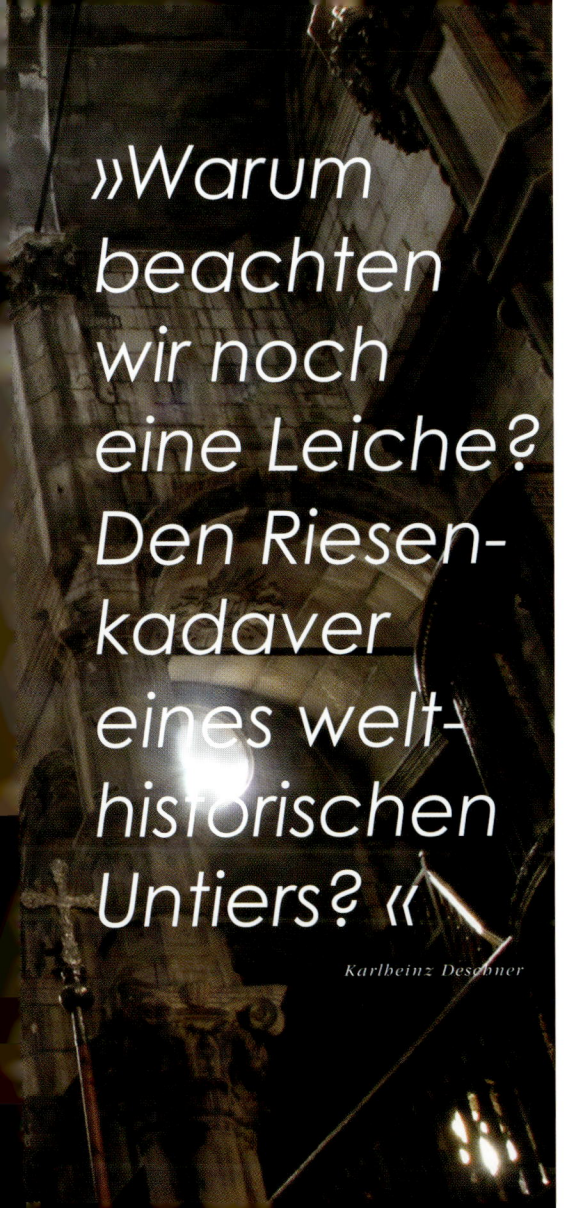

Das Christentum ist theoretisch der friedliebendste, praktisch aber der blutrünstigste Glaubensverband der Weltgeschichte.

Nach intensiver Beschäftigung mit der Geschichte des Christentums kenne ich in Antike, Mittelalter und Neuzeit, einschließlich und besonders des 20. Jahrhunderts, keine Organisation der Welt, die zugleich so lange, so fortgesetzt und so scheußlich mit Verbrechen belastet ist wie die christliche Kirche, ganz besonders die römisch-katholische Kirche.

Warum beachten wir noch eine Leiche? Den Riesenkadaver eines welthistorischen Untiers? Die Reste eines Monstrums, das ungezählte Menschen verfolgt, zerfetzt und gefressen hat ...?

Sexuelle „Fehltritte" aller Art sind so alt wie die Kirchengeschichte und sie florierten, je christlicher die Welt wurde, desto mehr. Die Klöster waren oft die reinsten Bordelle, doch mussten die armen Nonnen, aus Sittlichkeitsgründen nicht selten sogar der Beichtväter beraubt, auch mit Kindern vorlieb nehmen, mit Vierbeinern. ... Wie es ja auch im Vatikan, lange, sehr lange, recht locker zuging, etwa – einer für viele – Papst Sixtus IV, Erbauer der Sixtinischen Kapelle und eines Bordells, noch seine Schwester und Kinder besprang, sein Neffe, Kardinal Pietro Riario, sich buchstäblich zu Tode koitierte und auch noch, Ehre wem Ehre gebührt, eines der schönsten Grabdenkmäler der Welt bekam.

»Sexuelle 'Fehltritte'
aller Art sind so alt
wie die Kirchengeschichte«

Karlheinz Deschner

»Und sollt niemand Vater heißen auf Erden, denn einer ist euer Vater, der im Himmel ist.«

Matthäus 23,9

WORTE JESU,

niedergeschrieben von
Matthäus dem Evangelisten

Sie lieben aber den ersten Platz bei den Gastmählern und die ersten Sitze in den Synagogen und die Begrüßungen auf den Märkten und von den Menschen Rabbi, Rabbi! genannt zu werden. Ihr aber, lasst ihr euch nicht Rabbi nennen; denn einer ist euer Lehrer, ihr alle aber seid Brüder. Ihr sollt auch nicht jemand auf der Erde euren Vater nennen; denn einer ist euer Vater, der in den Himmeln ist. Lasst euch auch nicht Meister nennen; denn einer ist euer Meister, der Christus. Der Größte aber unter euch soll euer Diener sein. Wer irgend aber sich selbst erhöhen wird, wird erniedrigt werden; und wer irgend sich selbst erniedrigen wird, wird erhöht werden.

Weh euch, Schriftgelehrte und Pharisäer, ihr Heuchler, die ihr das Himmelreich zuschließet vor den Menschen! Ihr kommt nicht hinein, und die hinein wollen, lasst ihr nicht hineingehen. Weh euch, Schriftgelehrte und Pharisäer, ihr Heuchler, die ihr der Witwen Häuser fresset und wendet lange Gebete vor! Darum werdet ihr desto mehr Verdammnis empfangen

---

Ihr verblendeten Leiter, die ihr Mücken seihet und Kamele verschluckt! Weh euch, Schriftgelehrte und Pharisäer, ihr Heuchler, die ihr die Becher und Schüsseln auswendig reinlich haltet, inwendig aber ist's voll Raubes und Fraßes. Du blinder Pharisäer, reinige zum ersten das Inwendige an Becher und Schüssel, auf dass auch das Auswendige rein werde!

»Weh euch, Schriftgelehrte, ihr Heuchler, die ihr das Himmelreich zuschließet vor den Menschen!«

Matthäus 23,13

»Weh euch, Schriftgelehrte, ihr Heuchler, die ihr gleich seid wie die übertünchten Gräber, welche auswendig hübsch scheinen, aber inwendig sind sie voller Totengebeine und alles Unflats!«

Matthäus 23,27

Weh euch, Schriftgelehrte und Pharisäer, ihr Heuchler, die ihr gleich seid wie die übertünchten Gräber, welche auswendig hübsch scheinen, aber inwendig sind sie voller Totengebeine und alles Unflats! Also auch ihr: von außen scheint ihr den Menschen fromm, aber inwendig seid ihr voller Heuchelei und Untugend. Weh euch, Schriftgelehrte und Pharisäer, ihr Heuchler, die ihr der Propheten Gräber bauet und schmücket der Gerechten Gräber und sprecht: Wären wir zu unsrer Väter Zeiten gewesen, so wollten wir nicht teilhaftig sein mit ihnen an der Propheten Blut! So gebt ihr über euch selbst Zeugnis, dass ihr Kinder seid derer, die die Propheten getötet haben.

»Ihr Schlangen und Otterngezücht! Wie wollt ihr der höllischen Verdammnis entrinnen?«

Matthäus 23,33

66 Große Geister **dachten** anders

Wohlan, erfüllet auch ihr das Maß eurer Väter! Ihr Schlangen und Otterngezücht! Wie wollt ihr der höllischen Verdammnis entrinnen?

———•⦂⊙⦂•———

Darum siehe, ich sende zu euch Propheten und Weise und Schriftgelehrte; und deren werdet ihr etliche töten und kreuzigen, und etliche werdet ihr geißeln in ihren Schulen und werdet sie verfolgen von einer Stadt zu der anderen; auf dass über euch komme all das gerechte Blut, das vergossen ist auf Erden, von dem Blut des gerechten Abel an bis auf das Blut des Zacharias, des Sohnes Berechjas, welchen ihr getötet habt zwischen dem Tempel und dem Altar. Wahrlich ich sage euch, dass solches alles wird über dies Geschlecht kommen.

Große Geister **dachten** anders

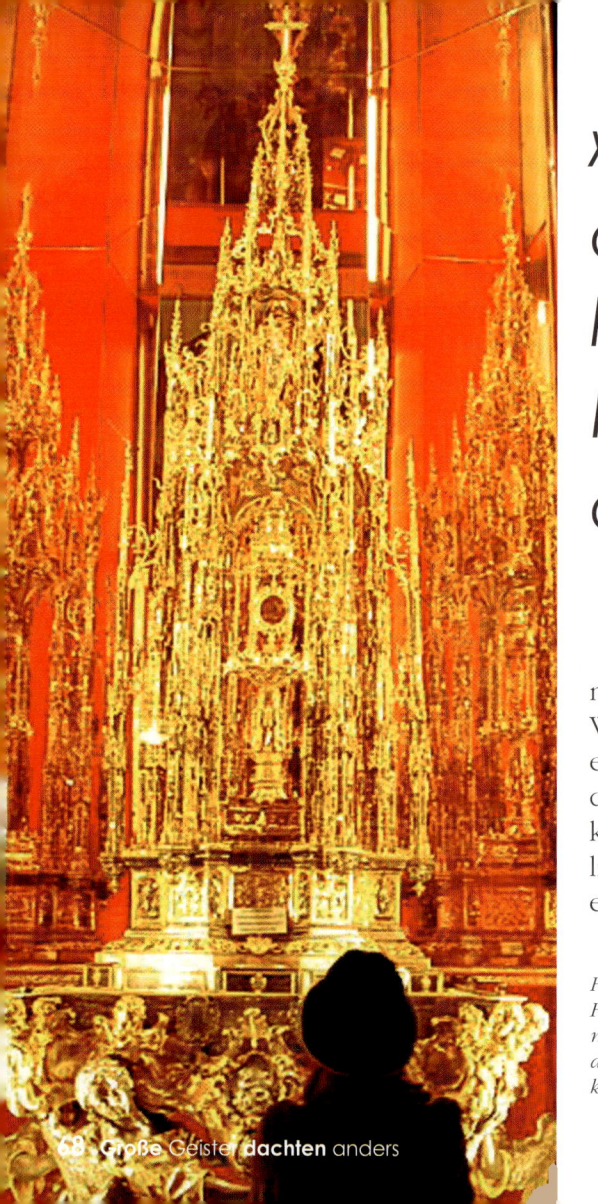

»Häuft in dieser Welt keine Reichtümer an!«

Matthäus 6,19

Häuft in dieser Welt keine Reichtümer an! Sie verlieren schnell ihren Wert oder werden gestohlen. Sammelt euch vielmehr Schätze im Himmel, die nie ihren Wert verlieren und die kein Dieb mitnehmen kann. Wo nämlich eure Schätze sind, da zieht es euch hin

———•◦∘⦂∘◦•———

Foto links: Blutgold-Tabernakel in Toledo. Rechts: Für den Hochaltar in Sevilla wurden mehrere Tonnen Gold verwendet, die den gequälten und ermordeten Indios geraubt wurden. In wie vielen Kirchen klebt Blut-Gold am Altar?

Große Geister **dachten** anders 69

»Jesus war ein Mann des Volkes«

Gabriele

GABRIELE
Prophetin und Botschafterin Gottes

Jesus war ein Mann des Volkes. Er ließ Sich nicht einmal Rabbi nennen, im Gegensatz zu den Kirchenoberen.

Das Christentum wurde von den Kirchen und ihren Abhängigen total verbogen. Das Heidentum hat Fuß gefasst. Die Menschengötter sollen angebetet werden, die sich zu einem Konglomerat zusammengeschlossen haben und gegen jene vorgehen, die die Würden, die Titel und auch die Mittel nicht anbeten.

(Aus "Gabriele-Briefe", Nr. 3, S. 57)

Die Kirchen, die sich als christliche Instanz sehen, haben seit ihrem Bestehen nur Leid, Not und Tod über Menschen, Natur und Tiere gebracht. Denken wir nur an die Kreuzzüge, an das Mittelalter, an die sogenannten Hexenverbrennungen, denken wir an die Sklaverei und an die letzten Massaker der katholischen Kroaten an den orthodoxen Serben zwischen 1941 und 1943 in Jugoslawien.

»Die Kirchen haben seit ihrem Bestehen nur Leid, Not und Tod über Menschen, Natur und Tiere gebracht«

Gabriele

Über 750.000 orthodoxe Serben, darunter viele tausend Kinder, starben durch Handlanger der katholischen Kirche zwischen 1941 und 1943 in Jugoslawien

Wer trägt die Hauptschuld an dem brutalen und abscheulichen Verhalten gegenüber Tieren? Die Hauptschuldigen sind die Institutionen Kirche, die sogar noch die hingemetzelten Tiere segnen und ebenso deren zweibeinige Töter und Schlächter. In der sogenannten Hubertusmesse gibt sich die "schwarze Majestät" zu erkennen.

(Aus „Gabriele-Briefe", Nr. 4, S. 176)

———•⊙•———

Die Ungerechtigkeit beginnt dort, wo man Menschen glauben macht, dass die Wahrheit, die letztlich einzig Gott ist, kirchlich institutionell verwaltet wird und dass nur der zur Freiheit und Seligkeit gelangt, der z.B. der katholischen Institution angehört - und nicht nur das, sondern sich ihr mit Seele und Leib verschreibt.

(Aus „Die kirchliche und staatliche Gewalt und die Gerechtigkeit Gottes", S. 15)

———•⊙•———

Jesus gründete keine Kirche und ernannte keine Priester und Pfarrer, keine geistlichen (Hoch-)Würdigen. Deshalb wäre aufgrund der wahren Lehre des Christus - der urchristlichen Lehre - die ganze Priesterkaste, vom einfachen Pastor/Pfarrer bis hin zu den Bischöfen, Kardinälen und dem Papst, überflüssig.

(Aus „Die kirchliche und staatliche Gewalt und die Gerechtigkeit Gottes", S. 41)

———•⊙•———

Was sich in den 2000 Jahren „Christentum" herauskristallisiert hat, starrt gerade in unserer Zeit vielen ins Gesicht. Es ist die Diskrepanz zwischen dem Reichtum der einen und der bitteren Armut der anderen. Gerade die Menschen in der Dritten Welt, wo unzählige Brüder und Schwestern an Hunger sterben, leiden Not; hingegen halten die Kirchen ihr Milliardenvermögen nicht nur, sondern vermehren es, und Milliarden werden für kriegerische Zwecke ausgegeben, wodurch unter Umständen Millionen Menschen Not, Elend, Siechtum, Heimatlosigkeit erleiden und/oder ihr Leben lassen müssen.

(Aus „Gabriele-Briefe", Nr. 3, S. 74)

»In der sogenannten Hubertusmesse gibt sich die 'schwarze Majestät' zu erkennen« *Gabriele*

Auf das kirchlich gelehrte, falsche und zu einem grausamen und schrecklichen Tyrannen verzerrte „Gottes"-Bild ist es zurückzuführen, dass viele Menschen sich dem wahren Gott nicht mehr anvertrauen, dass sie sich vor „Gott" ängstigen und dass sie auch von Christus, Seinem Leben als Jesus von Nazareth, von Seiner Lehre und von Seinem Wirken eine in vielen Aspekten unzutreffende Vorstellung haben, weil vieles ebenfalls gröblich verfälscht wiedergegeben und gelehrt wird.

(Aus „Die kirchliche und staatliche Gewalt und die Gerechtigkeit Gottes", S. 19)

»Auf das kirchlich gelehrte, falsche ... 'Gottes'-Bild ist es zurückzuführen, dass viele Menschen sich dem wahren Gott nicht mehr anvertrauen, dass sie sich vor 'Gott' ängstigen...«

Gabriele

JOHANNES VON PATMOS

Apostel und Prophet

Dann erschien ein großes Zeichen am Himmel: eine Frau, mit der Sonne bekleidet; der Mond war unter ihren Füßen und ein Kranz von zwölf Sternen auf ihrem Haupt. Sie war schwanger und schrie vor Schmerz in ihren Geburtswehen ... Der Drache stand vor der Frau, die gebären sollte; er wollte ihr Kind verschlingen, sobald es geboren war ... Weh aber euch, Land und Meer! Denn der Teufel ist zu euch hinab gekommen; seine Wut ist groß, weil er weiß, dass ihm nur noch eine kurze Frist bleibt. Als der Drache erkannte, dass er auf die Erde gestürzt war, verfolgte er die Frau, die den Sohn geboren hatte. Aber der Frau wurden die beiden Flügel des großen Adlers gegeben, damit sie in der Wüste an ihren Ort fliegen konnte ... Da geriet der Drache in Zorn über die Frau, und er ging fort, um Krieg zu führen mit ihren übrigen Nachkommen, die den Geboten Gottes gehorchen und an dem Zeugnis für Jesus festhalten.*

Offenbarung 12, 1-2.4.12-14.17

---

*Anmerkung: Nähere Erläuterungen zu dieser Textstelle und dem Bild finden Sie in dem Buch „Das Wirken des CHRISTUS GOTTES und der göttlichen WEISHEIT".

Große Geister dachten anders 77

Dann kam einer der sieben Engel, welche die sieben Schalen trugen, und sagte zu mir: 'Komm, ich zeige dir das Strafgericht über die große Hure, die an den vielen Gewässern sitzt. Denn mit ihr haben die Könige der Erde Unzucht getrieben, und vom Wein ihrer Hurerei wurden die Bewohner der Erde betrunken'. Der Geist ergriff mich, und der Engel entrückte mich in die Wüste. Dort sah ich eine Frau [die große Hure, nicht zu verwechseln mit der Frau aus Offenb. 12] auf einem scharlachroten Tier sitzen, das über und über mit gotteslästerlichen Namen beschrieben war und sieben Köpfe und zehn Hörner hatte. Die Frau war in Purpur und Scharlach gekleidet und mit Gold, Edelsteinen und Perlen geschmückt. Sie hielt einen goldenen Becher in der Hand, der mit dem abscheulichen Schmutz ihrer Hurerei gefüllt war. Auf ihrer Stirn stand ein Name: Geheimnis; Babylon, die Große, die Mutter der Huren und aller Abscheulichkeiten der Erde. Und ich sah, dass die Frau betrunken war

»Babylon, die Große, die Mutter der Huren und aller Abscheulichkeiten der Erde. Und ich sah, dass die Hure betrunken war vom Blut der Heiligen und vom Blut der Zeugen Jesu.«

Offenbarung 17, 5-6

vom Blut der Heiligen und vom Blut der Zeugen Jesu. Beim Anblick der Frau ergriff mich großes Erstaunen. Der Engel aber sagte zu mir: 'Warum bist du erstaunt? Ich will dir das Geheimnis der Frau enthüllen und das Geheimnis des Tieres mit den sieben Köpfen und den zehn Hörnern, auf dem sie sitzt ... Die sieben Köpfe bedeuten die sieben Berge, auf denen die Frau sitzt. Sie bedeuten auch sieben Könige ... Sie werden mit dem Lamm Krieg führen, aber das Lamm wird sie besiegen. Denn es ist der Herr der Herren und der König der Könige. Bei ihm sind die Berufenen, Auserwählten und Treuen.' Und er sagte zu mir: 'Du hast die Gewässer gesehen, an denen die Hure sitzt: Sie bedeuten Völker und Menschenmassen, Nationen und Sprachen. Du hast die zehn Hörner und das Tier gesehen; sie werden die Hure hassen, ihr alles wegnehmen, bis sie nackt ist ... die Frau aber, die du gesehen hast, ist die große Stadt, die die Herrschaft hat über die Könige der Erde.'

Offenbarung 17, 1-7.9.14-15.18

Danach sah ich einen anderen Engel aus dem Himmel herabsteigen: er hatte große Macht und die Erde leuchtete auf von seiner Herrlichkeit. Und er rief mit gewaltiger Stimme: 'Gefallen, gefallen ist Babylon, die Große! Zur Wohnung von Dämonen ist sie geworden, zur Behausung aller unreinen Geister und dem Schlupfwinkel aller unreinen und abscheulichen Vögel. Denn vom Zornwein ihrer Unzucht haben alle Völker getrunken und die Könige der Erde haben mit ihr Unzucht getrieben. Durch die Fülle ihres Wohlstands sind die Kaufleute der Erde reich geworden.'

Dann hörte ich eine andere Stimme vom Himmel her rufen: 'Verlasse die Stadt, mein Volk (andere Übersezung: Tretet aus von ihr, mein Volk), damit du nicht mitschuldig wirst an ihren Sünden und von ihren Plagen mit getroffen wirst. Denn ihre Sünden haben sich bis zum Himmel aufgetürmt und Gott hat ihre Schandtaten nicht vergessen ...'

Offenbarung 18, 1-5.9-14.23-24

»Tretet aus von ihr, mein Volk...«

Offenbarung 18,4

Dann sah ich einen Engel vom Himmel herabsteigen; auf seiner Hand trug er den Schlüssel zum Abgrund und eine schwere Kette. Er überwältigte den Drachen, die alte Schlange – das ist der Teufel oder der Satan –, und der fesselte ihn für tausend Jahre. Er warf ihn in den Abgrund, verschloss diesen und drückte ein Siegel darauf, damit der Drache die Völker nicht mehr verführen konnte, bis die tausend Jahre vollendet sind. Danach muss er für kurze Zeit freigelassen werden ... [Doch sein teuflisches Bemühen scheitert] Und der Teufel wurde in den See von brennendem Schwefel geworfen, wo auch das Tier und der falsche Prophet sind. Tag und Nacht werden sie gequält, „in alle Ewigkeit".

Offenbarung 20, 1-3.10

Dann sah ich einen neuen Himmel und eine neue Erde; denn der erste Himmel und die erste Erde sind vergangen; auch das Meer ist nicht mehr. Ich sah die heilige Stadt, das neue Jerusalem, von Gott her aus dem Himmel herab kommen; sie war bereit wie eine Braut, die sich für ihren Mann geschmückt hat. Da hörte ich eine laute Stimme vom Thron her rufen: ´Seht, die Wohnung Gottes unter den Menschen! Er wird in ihrer Mitte wohnen, und sie werden sein Volk sein; und Er, Gott, wird bei ihnen sein. Er wird alle Tränen von ihren Augen abwischen: Der Tod wird nicht mehr sein, keine Trauer, keine Klage, keine Mühsal. Denn was früher war, ist vergangen ... Die Stadt hat eine große und hohe Mauer mit zwölf Toren und zwölf Engeln darauf. Auf die Tore sind Namen geschrieben: die Namen der zwölf Stämme Israels ... Einen Tempel sah ich nicht in der Stadt. Denn der Herr, ihr Gott, der Herrscher über die ganze Schöpfung, ist ihr Tempel, Er und das Lamm ... Nacht wird es dort nicht mehr geben.

Und man wird die Pracht und die Kostbarkeiten der Völker in die Stadt bringen. Aber nichts Unreines wird hineinkommen, keiner, der Gräuel verübt und lügt ... Der Thron Gottes und des Lammes wird in der Stadt stehen, und seine Knechte werden ihm dienen.

Offenbarung 21, 1-2.12.22.25-27; 22, 3

» Ich sah die heilige Stadt, das neue Jerusalem ... «

Offenbarung 21,2

Große Geister **dachten** anders 83

BILDNACHWEIS:

Seiten 13, 48-49: dpa

Seiten 14, 27, 38-39, 40-41, 52, 53, 55, 78-79: www.gerichtsmuseum-wolkenstein.de

Seiten 34, 71: Ahriman-Verlag Freiburg: aus Vladimir Dedijers „Jasenovac - das jugoslawische Auschwitz und der Vatikan"

Seiten 18-19: © merjasec - Fotolia.com
Seite 21: © Gina Sanders - Fotolia.com
Seite 25 rechts: © FRANK1957 - Fotolia.com
Seite 33: © TebNad - Fotolia.com
Seiten 36-37: © TebNad - Fotolia.com
Seite 43: © Florian Galler - Fotolia.com
Seiten 50-51: © Fredy Thürig - Fotolia.com
Seiten 56-57: © zatletic - Fotolia.com
Seiten 58-59: © Vim Woodenhands - Fotolia.com
Seite 60: © © weha - Fotolia.com
Seite 66: © Marc Nahmias - Fotolia.com
Seite 67: © © Lucky Dragon - Fotolia.com
Seite 73: © Ilan Amith - Fotolia.com (Montage)

Weitere Bilder: Deutsches Bundesarchiv, eigenes Archiv, public domain

Wir haben uns bemüht, sämtliche Rechteinhaber ausfindig zu machen. Sollte es in Einzelfällen nicht gelungen sein, Rechteinhaber zu benachrichtigen, so bitten wir diese, uns darüber in Kenntnis zu setzen.

Lesen Sie auch...

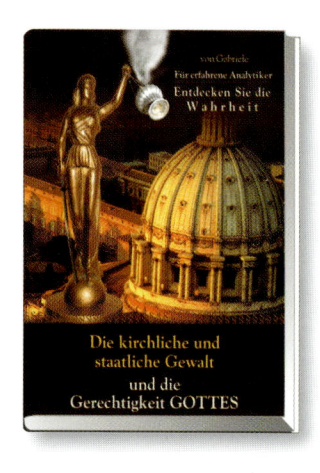

Für erfahrene Analytiker:
Entdecke Sie die Wahrheit

Die kirchliche und staatliche Gewalt und die Gerechtigkeit GOTTES

Wie christlich ist das „christliche Abendland"? Die Amtskirche hat es aufgrund ihrer Drohbotschaft von der „ewigen Verdammnis" verstanden, über Jahrhunderte hinweg viele Menschen tiefgreifend einzuschüchtern und in Abhängigkeit zu halten. Darüber hinaus sicherte sie sich über ihre selbsterfundenen Lehrsätze und Dogmen mit offen verkündeten, totalitären Machtansprüchen eine weitgehende Einflussnahme auf den Staat - mit fatalen Folgen. Gabriele bringt Fakten und Analysen und regt zum eigenen Nachdenken und Erforschen an.

Aus dem Inhalt: Die Symbiose von Staat und Kirche • Die Romkirche, „das Lebensprinzip der menschlichen Gesellschaft"? • Kirchlich indoktrinierte Richter • Justitia wägt vielfach einseitig. Ob Lüge oder Wahrheit - das Urteil der Richter gilt • Das Diktat der Kirche setzt demokratische Grundwerte außer Kraft • „Unfehlbare" kirchliche Lehrsätze – absolutistische Forderungen der totalen Unterwerfung. Das hat mit Jesus, dem Christus, dem Geist der Freiheit, und mit Seiner Wahrheit nichts zu tun! • Der Unterschied von Recht und Gerechtigkeit • Die vatikanische und lutherische Parole, „sich die Erde untertan zu machen". Hat Gott es so gemeint? Und vieles andere mehr.

208 S., geb., ISBN 978-3-89201-200-9

€ 9,80 / Fr. 18,–

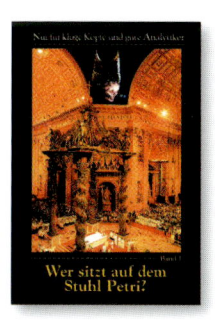

Nur für kluge Köpfe und gute Analytiker

Wer sitzt auf dem Stuhl Petri?
Band 1

Urchristen von heute gehen in einer weltweit ausgestrahlten Radio-Sendereihe der Frage nach: Was steckt eigentlich hinter dem Stuhl Petri? Wie hat sich der Stuhl Petri in der Vergangenheit präsentiert? Was sind seine Absichten?

240 S., kart.,
ISBN 978-3-89201-202-3
€ 4,80 / Fr 8,90

Nur für kluge Köpfe und gute Analytiker

Wer sitzt auf dem Stuhl Petri?
Band 2

Wer ließ Andersdenkende foltern und hinrichten und bezeichnet heute die Inquisition als „Fortschritt"? Wer ließ ganze Völker ausrotten und rühmt dies heute als „glückliche Schuld"? ...
• Beispiel eines Hexenprozesses

240 S., kart.,
ISBN 978-3-89201-208-5
€ 4,80 / Fr 8,90

Nur für kluge Köpfe und gute Analytiker

Wer sitzt auf dem Stuhl Petri?
Band 3

Heute noch gilt die Drohung mit der ewigen Verdammnis für alle, die der Kirche nicht hörig sind. Heute noch werden unsere Mitgeschöpfe, die Tiere, aufgrund der kirchlichen Irrlehren zu Millionen brutal misshandelt und abgeschlachtet.

240 S., kart.,
ISBN 978-3-89201-231-3
€ 4,80 / Fr 8,90

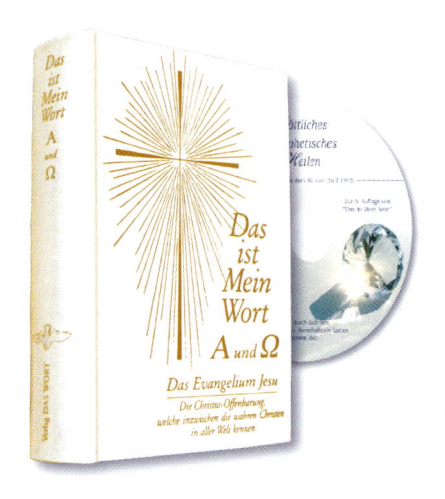

Das ist Mein Wort
A und Ω
Das Evangelium Jesu

*Die Christus-Offenbarung,
welche inzwischen die wahren
Christen in aller Welt kennen*

Vieles, was Jesus lehrte, blieb den Menschen verborgen, denn in der heutigen Bibel steht nur, was Hieronymus (im 4. Jahrh.) in die Evangelien aufnehmen durfte. In dem göttlichen Offenbarungswerk „Das ist Mein Wort" lesen wir von Christus selbst die Wahrheit über Sein Leben, Denken und Wirken als Jesus. Eine verheißungsvolle und aufrüttelnde Botschaft in der faszinierend klaren prophetischen Sprache: Unzählige Details, die in der Bibel fehlen oder missverständlich wiedergegeben sind, werden erläutert.

Aus dem Inhalt: Kindheit und Jugend Jesu • Die Verfälschung der Lehre des Jesus von Nazareth in den vergangenen 2000 Jahren • Sinn und Zweck des Erdenlebens • Jesus lehrte über das Gesetz von Ursache und Wirkung • Voraussetzungen für die Heilung des Leibes • Jesus lehrt über die Ehe • Die Bergpredigt • Vom Wesen Gottes • Gott zürnt und straft nicht u.v.m.

1128 S., geb., ISBN 978-3-89201-271-9
inkl. Audio-CD **€ 19,80 / Fr 34,80**

DAS WIRKEN DES CHRISTUS GOTTES UND DER GÖTTLICHEN WEISHEIT

Aus der Liebe kam daher die Weisheit und wohnt unter den Menschen, heute in der Zeit der Erlösung

Wer oder was ist die göttliche Weisheit? Warum wurde sie aus der Theologie verdrängt? Wer ist der Tröster, wer die „hohe Frau", von der in der Bibel die Rede ist? Und warum wissen wir so wenig über die Propheten? Dieses Buch zieht einen weiten Bogen über das Wirken des Christus Gottes und der göttlichen Weisheit – vom Urbeginn bis heute. In verständlicher Form wird aufgezeigt, wer zur Zeit auf der Erde lebt und wirkt: die einverleibte göttliche Weisheit.

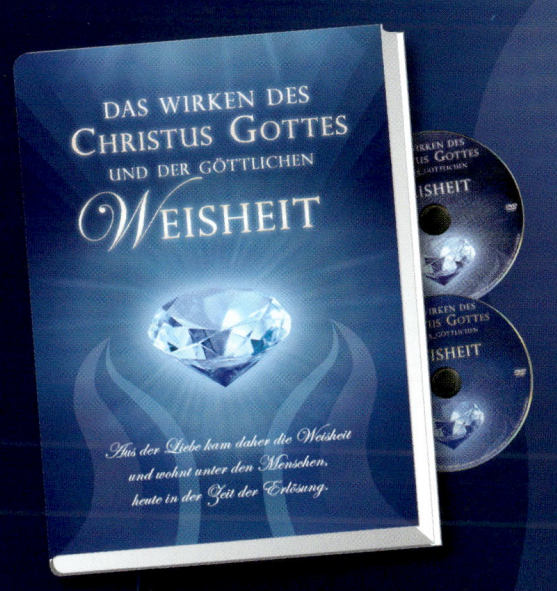

296 S., geb., mit Farbbildern
inkl. 2 DVDs, € 24,50 / Fr 45,10
ISBN 978-3-89201-294-8

Gerne übersenden wir Ihnen unser aktuelles Buchverzeichnis.

Verlag DAS WORT GmbH
Max-Braun-Str. 2, 97828 Marktheidenfeld
Tel. 09391/504135. Fax 09391/504133

Online-Shop:
www.das-wort.com